Kürbis

Michel Brancucci
Erica Bänziger

Kürbis

FONA

www.fona.ch
Verantwortlich für das Lektorat: Léonie Haefeli-Schmid
Foodbilder: Claudia Albisser Hund, Basel
Bilder Einführungsteil: Michel Brancucci und Severino Dahint, Naturhistorisches Museum, Basel
Printed in Germany

ISBN 978-3-03780-317-2

Inhalt

Abkürzungen

EL	Esslöffel	TL	Teelöffel
ml	Milliliter	dl	Deziliter
l	Liter		
Msp	Messerspitze		

Wo nicht anders erwähnt, sind die Rezepte für 4 Personen berechnet.

Warenkunde

Speisekürbis

Als Speisekürbisse werden alle genießbaren Arten der Gattung Cucurbita bezeichnet. Dazu gehören:

C. pepo, Gartenkürbis,
C. maxima, Riesenkürbis
C. moschata, Moschuskürbis
C. ficifolia, Feigenblattkürbis
C. argyrosperma, Ayote

Auch die sogenannten «Sommerkürbisse» wie Zucchetto/Zucchino und Pâtissons/Squash gehören dieser Familie an.

Sommerkürbisse

Zucchetti-Kürbisse und Pâtissons sind Sommerkürbisse, welche in der Küche unreif verwendet werden. Sie sind in diesem Stadium noch zart und fruchtig und gegart butterzart.
Die Sommerkürbisse werden normalerweise mit Schale verwendet werden. Die diskusförmigen Pâtissons sollten beim Pflücken nur wenige Zentimeter groß sein. Ausgereifte Früchte eignen sich allenfalls noch zum Füllen.

Winterkürbisse

Sie haben harte oder dichte Schalen, zum Beispiel «Hubbard» und «Butternut». Alle vorgestellten Kürbisse (Seiten 18 bis 31) sind Winterkürbisse. Auch im Rezeptteil werden ausschließlich Winterkürbisse verwendet.

Anbau

Platzbedarf

Kürbispflanzen sind bezüglich Platzbedarf ziemlich anspruchsvoll. Wenn man ihnen aber den notwendigen Platz zur Verfügung stellt, werden sich nicht nur das Blattwerk und die Wurzeln optimal entwickeln, man darf auch eine gute Ernte erwarten. Bei weniger Platz wird die Pflanze weniger oder kleinere Früchte produzieren.

Standort

Kürbispflanzen lieben einen sonnigen Standort. Im Halbschatten oder Schatten verkümmern sie und produzieren vor allem Blätter und Blüten und im besten Fall kleine Früchte, die später meistens abfallen.

Boden

Die Kürbispflanzen fühlen sich in humusreicher Erde am wohlsten. Ideal ist ein Hügel aus Komposterde oder man verteilt etwas Kompost breitflächig auf den Boden. Dass die Kürbisse nur auf Kompost- oder Misthaufen wachsen, gehört schon lange ins Reich der Märchen. Richtig ist wohl eher, dass bis jetzt niemand bereit war, ihnen mehr Raum zu geben. Es wird immer noch geglaubt, dass Kürbisse für ihr Wachstum viel Wasser brauchen. Sie kommen aber im Gegenteil mit wenig Wasser aus. Zu viel Wasser und Staunässe fördern die Wurzelfäulnis.
Die Kürbisse sind zwar keine stark stickstoff-zehrenden Pflanzen wie etwa Blumenkohl, sie brauchen aber viel Kalium, Phosphor und diverse andere Mineralstoffe.

oben: Blatt von C. pepo, Gartenkürbis
Mitte: Blatt von C. moschata, Moschuskürbis
unten: Blatt von C. maxima, Riesenkürbis

Aussaat

Die Keimzeit hängt von der Samenqualität und der Sorte ab. In der Regel brauchen die Samen 1 bis 2 Tage, bis sie sich öffnen und kleine Wurzeln bilden. Die Keimfähigkeit lässt sich leicht testen: man legt die Samen 6–7 Stunden in kaltes Wasser. Samen, die an die Oberfläche steigen, sind keimfähig. Die Kürbissamen können ohne weiteres direkt in die Erde gesteckt werden. Das Vorziehen in Töpfen schützt jedoch die Samen vor Schädlingen. Andererseits hat es den Nachteil, dass die Setzlinge durch das Umpflanzen einer Stresssituation ausgesetzt werden und es dadurch zu einer Wachstumsunterbrechung von 7–10 Tagen kommt.

Vorkultur in Plastik-, Ton-, Torftopf

Etwa 4 Wochen vor dem Pflanzen ins Freie, also Ende April, kann man in Töpfen Vorkulturen ziehen. Dazu eignet sich Aussaaterde, die reich an Humus ist und mit ein bisschen Sand gelockert wird. Je Topf 2 bis 3 Samen etwa 15 mm tief in die Erde stecken. Mäßig wässern. Die Töpfe an einen warmen (20 bis 25 °C) und hellen Ort stellen. Sobald die Samen zu keimen beginnen, die Töpfe an einen kühleren, aber gut belichteten Ort bringen. Wenn kein Frost mehr zu befürchten ist – bei uns ist dies nach den Eisheiligen (Mitte Mai), können die Pflänzchen ins Freie gesetzt werden. Sie sollten nun kräftig genug sein und nebst Keimblättern bereits 2 bis 3 Blätter ausgetrieben haben. Pflänzchen tief in die Erde eingraben; der ganze Stängel bildet unterhalb der Keimblätter neue Wurzeln.

Kultur auf Plastik- und Papierfolien

Mit dieser Methode gewinnt man bis zu einem Monat Zeit, spart zudem Wasser und unterbindet das Aufkommen von Unkraut. Die Folien auf den Boden legen und den Rand mit Erde beschweren. In regelmäßigen Abständen 15 cm große Löcher schneiden, in welche die Setzlinge eingepflanzt werden. Die Folie mit zusätzlichen kleinen Löchern versehen, damit das Wasser versickern kann.

Kultur auf Gitter

Speisekürbisse sind mehrheitlich rankende Pflanzen, die nicht gerne klettern. Gute Kletterer sind hingegen zahlreiche Zierkürbisse. Sie sind auch zum Begrünen einer Pergola geeignet.

Aussaat ins Freie

Die meisten Kürbis-Großproduzenten säen direkt ins Feld. Die Vorteile liegen auf der Hand: kein Umpflanzen, kein Ausdünnen und damit ein großer Zeitgewinn. Die Keimlinge werden im Frühling jedoch gewissen Risiken ausgesetzt, etwa Frost oder starker, anhaltender Regen.

Kultur unter Folie

Wenn sich die Pflanzen rasch entwickeln sollen, aber auch für Spätsorten, ist es von Vorteil, die Samen bereits Anfang April unter einer Plastikfolie auszusäen. Sobald die Temperaturen steigen, die Frostgefahr gebannt und die Samen gekeimt haben, sollte die Folie entfernt werden.

Mondphase beachten

Unabhängig von der Aussaatmethode haben die Erfahrungen gezeigt, dass das beste Ernteergebnis erreicht wird, wenn die Samen 2 bis 3 Tage vor dem Vollmond ausgesät werden.

Schnelles Wachstum von Pflanze und Blüte

Vom Keimling zur Frucht

Rasantes Wachstum

Bei stark rankenden Sorten wachsen die Ranken täglich 15 bis 20 cm oder sogar noch mehr. Schon bald tragen sie Blüten, zuerst die männlichen und ein paar Tage später die weiblichen. Die weiblichen Blüten sitzen auf einem kleinen Fruchtansatz. Die männlichen verbergen zwischen ihren Blütenblättern 5 breite Staubfäden. Sobald die Temperaturen sommerliche Werte erreichen, die Insekten aktiv werden und die Pflanzen physiologisch bereit sind, ist die Zeit für die Befruchtung und später für die Fruchtbildung gekommen. Ein Kürbis erreicht innerhalb kurzer Zeit seine endgültige Größe, meist genügen 2 bis 3 Wochen. Dies ist nur deshalb möglich, weil Kürbisse eine Methode entwickelt haben, rasch die notwendigen Ressourcen zu mobilisieren. Viele bilden an den Knoten sekundäre Wurzeln, welche die Pflanzen zusätzlich mit Nahrung versorgen.

Reifen – gut Ding will Weile haben

Die Reifezeit der Frucht kann Wochen, ja sogar Monate dauern. Rein äußerlich verändert sich nur noch die Farbe. Im Fruchtinnern tut sich aber einiges. Das Fruchtfleisch nimmt Farbe an, es wird dunkler und bekommt sein Aroma. Aus der Samenanlage entwickeln sich richtige Samen.

Pflanzenpflege

Jäten

Unkraut mit einem geeigneten Gartengerät entfernen. Bei größeren Pflanzen muss von Hand gejätet werden, um die flachen Wurzeln zu schützen.

Wässern ja, aber mit Maß

Die Pflanzen regelmäßig gießen, damit es zu keinem Wachstumsstillstand kommt. Immer am Wurzelstock gießen und nicht über die Blätter, weil sie auf Mehltau anfällig sind. Am besten wird abgestandenes Wasser verwendet, je nach Bodenbeschaffenheit etwa 2 Liter pro Pflanze und Tag.

Wohltuender Dünger

Kürbisse lieben humusreiche Erde. Deshalb diverse in Wasser gelöste Stoffe jeweils morgens auf die Blätter spritzen. Infrage kommen Präparate aus Kalkalgen sowie anorganische Dünger wie Kalziumnitrate, später Kaliumnitrate.

Häufige Krankheiten

- Wenn die Samen in zu nährstoffreichen Boden oder zu feuchten Kompost gesetzt werden, keimen sie schlecht und verfaulen.
- Ein nasskalter Frühling kann für eben gepflanzte Setzlinge das Aus bedeuten.
- Bei Virusbefall bekommen die Blätter Flecken, verkümmern und sterben ab. Bei ersten Anzeichen die befallenen Stellen entfernen.
- Im Herbst, wenn die Temperaturen sinken und die Luftfeuchtigkeit steigt, sind die Blätter für Mehltau anfällig. Um einen Befall möglichst lang hinauszuzögern, sollten die Blätter nicht mit Wasser bespritzt werden. Mehltau wird mit einem Schwefelpulver oder anderen natürlichen Präparaten, etwa Fenchelöl, Algenkalkmehl, Sojalecithin, behandelt.

Ungeliebte Parasiten

- Schwarze Blattläuse (Aphis fabae) und Weiße Fliegen (Allyrodina): Die kleinen Insekten befallen vor allem die Blätter, sie stechen sie an und saugen den Saft heraus. Wurzelblattläuse (Pemphigus) befallen vor allem die Basis der Pflanze. Nebst handelsüblichen Insektiziden gibt es auch biologische Methoden, um den Tieren den Garaus zu machen. Eine altbewährte Methode ist das Spritzen mit schwacher Seifenlösung (etwa 200 g Seife auf 10 Liter Wasser).
- Schnecken: Eine ganze Kolonie von Schnecken und Nacktschnecken ernährt sich von den Kürbisgewächsen. Das Bestäuben der Blätter mit Tabakstaub, Sägemehl oder Asche hält die Tiere fern.
- Hase und Kaninchen können mit einem Netz ferngehalten werden. Kleinsäuger, beispielsweise Feldmäuse, sind ebenfalls unerwünscht. Eine wirksame, aber unschöne Methode ist das Stellen von Fallen.

Ernte

Der richtige Zeitpunkt

Für eine lange Haltbarkeit dürfen sich die Früchte nicht kurz vor der Ernte noch mit Wasser vollsaugen. Am besten durchschneidet man den Hauptstängel 5 bis 10 Tage vor der Ernte, damit das überflüssige Wasser durch die Blätter verdunsten kann. An den Kürbissen haften oft Erdkrümel, in denen sich Bakterien und Pilze verstecken und die sich bei Schwachstellen auf der Fruchtoberfläche rasch entwickeln. Die Früchte werden deshalb nach der Ernte sehr sorgfältig unter fließendem Wasser gewaschen. Jede Verletzung verkürzt die Haltbarkeit.

oben: Weibliche Blüte mit Fruchtansatz
Mitte: 3 Tage alte Frucht
unten: 10 Tage alte Frucht

Richtig lagern

Lagerort

Die Früchte müssen an einem gut belüfteten und trockenen Ort flach gelagert werden. Ideale Lagerbedingungen sind eine Temperatur von 15 °C und eine Luftfeuchtigkeit von 70 %. Die Haltbarkeit wird von der Hautbeschaffenheit und der in der Frucht enthaltenen Substanz bestimmt, die das Keimen der Samen unterdrückt. Da die Kürbisse nach der Ernte «weiterleben», kann eine oberflächliche Verletzung meistens problemlos vernarben.

Gewichtsverlust

Die Frucht verliert beim Verdunsten von Wasser über die mehr oder weniger durchlässige Schale Gewicht. Der Gewichtsverlust ist regelmäßig und kontinuierlich. Die Früchte reifen nach der Ernte nach, die Schale muss sich für eine lange Konservierung vorbereiten, indem sie sich verdichtet.

Kürbiskernprodukte

Kürbiskerne sind ein interessantes Nahrungs- und Heilmittel, das roh und geröstet gut schmeckt. Sie enthalten viel Vitamin E, Symbol der Fruchtbarkeit, sowie Vitamin A und den Mineralstoff Eisen. Die Kerne sind ein beliebtes Heilmittel bei Prostatabeschwerden.

Kürbiskernöl

Das Öl wird aus den Samen des Ölkürbisses gewonnen. für einen Liter Kürbiskernöl braucht man 2,3 kg getrocknete, gedarrte Samen also die Samen von rund 20 Kürbissen. Kürbiskernöl ist nicht nur ein köstliches Speiseöl (mehrfach ungesättigte Fettsäuren), sondern auch ein Heilmittel bei vielen Beschwerden.

Kürbis-Steckbriefe

Reifezeit

Die Zeit von der Keimung bis zur Reife der Frucht wird Reifezeit genannt. Sie ist abhängig vom Zeitpunkt der Aussaat, vom Standort der Pflanze und vom Klima und Wetter.

Fruchtform

Wir haben versucht, die Kürbissorten (Frucht) so genau wie möglich zu beschreiben. Begriffe wie etwa kugel-, flach- und hochrund mögen in der Umgangssprache nicht allzu vertraut sein, bei den Kürbissen sind sie sehr nützlich und hilfreich.

Fruchtschale

In den Steckbriefen wird die Schale der reifen, frisch geernteten Frucht beschrieben. Viele Kürbisse verändern während der Lagerung ihr Aussehen (Verfärbung). Die Schale wird dichter und gleichzeitig wasserundurchlässiger (für die Lagerung ideal). Die Schale ist in den meisten Fällen dünn und fest. Eine «weiche» Schale ist leicht verletzlich.

Abkürzungen

D Durchmesser
H Höhe
L Länge

Table King

Art: Gartenkürbis, Acorn-Frucht
Aussehen: eichelförmig, 10–14 cm x 15–18 cm (D x H), 0,7–1,5 kg, durchschnittlich 1 kg
Schale: hart, knapp essbar
Fruchtfleisch: cremefarbig bis gelblich; fest, trocken, leicht fasrig; süß, feiner, dezenter Haselnussgeschmack
Reifezeit: 80 Tage
Lagerzeit: 3–6 Monate
Verwendung: Gratin und Auflauf, Salat, Backwaren, zum Braten und Füllen, frisch zum Rohessen, auch für Desserts

Cream of the Crop F1

Art: Gartenkürbis, Acorn-Frucht
Aussehen: länglich, eichelförmig, 11–15 cm x 12–16 cm (D x H), 0,6–1,1 kg
Schale: hart, jedoch etwas weicher als bei anderen Acorns
Fruchtfleisch: wie Table King
Reifezeit: 90 Tage
Lagerzeit: 3–5 Monate
Verwendung: wie Table King

Spaghetti-Kürbis

Art: Gartenkürbis
Aussehen: zylindrisch, 13–16 cm x 20–30 cm (D x L), 1,5–3 kg, durchschnittlich 1,7 kg
Schale: hart, undurchlässig
Fruchtfleisch: hellgelb; lange, spaghettiähnliche Fasern; gegart nussähnlicher Geschmack
Reifezeit: 85 Tage
Lagerzeit: 6–10 Monate, selten über 1 Jahr
Verwendung: gegart als Salat, ganze Frucht zum Dämpfen und Backen

Delicata

Art: Gartenkürbis

Aussehen: zylindrisch, 6–8 cm x 20 cm (D x L), 400 – 800 g

Schale: dünn; frisch verwendbar

Fruchtfleisch: cremig-gelb; überreif leicht mehlig, aber ausgezeichnete Qualität; sehr süß, dezenter nussiger Geschmack, fruchtig

Reifezeit: 100 Tage

Lagerzeit: für die Küche 3 Monate, für Dekorationen 6 – 8 Monate

Verwendung: Gratin und Auflauf, Backwaren, Dessert, Eiscreme, zum Füllen, zum Rohessen

Sweet Dumpling

Art: Gartenkürbis

Aussehen: flachrund, oberer Durchmesser deutlich kleiner als unterer, Stiel vertieft, 8 – 12 cm x 7 – 10 cm (D x H), 300–600 g

Schale: dünn, hart

Fruchtfleisch: leicht orange; knackig; süß, feiner Marroni-/Kastaniengeschmack

Reifezeit: 100 Tage. Sobald die Früchte cremefarbig sind, können sie gepflückt werden.

Lagerzeit: 3 – 5 Monate

Verwendung: wie Delicata

Baby Boo

Art: Gartenkürbis, Mini-Halloween-Kürbis

Aussehen: flachrund, 5 – 8 cm x 3 – 4 cm (D x H), 100 – 200 g

Schale: dünn

Fruchtfleisch: orange, 1 cm dick; süß, knackig, feiner Nuss- und Marroni-/Kastaniengeschmack, leicht mehlig

Reifezeit: 95 Tage

Lagerzeit: 3 – 7 Monate

Besonderes: exklusive Farbe, vor der vollen Reife sind die Früchte schneeweiß

Verwendung: Backwaren, zum Füllen und Frittieren

Baby Bear

Art: Gartenkürbis, Halloween-Kürbis

Aussehen: kugelrund, oben und unten leicht abgeflacht, 10 – 12 cm x ca. 8 cm (D x H), 500 – 900 g

Schale: mitteldick

Fruchtfleisch: dunkelgelb; dünn; gute Qualität

Samen: schmecken geröstet ausgezeichnet

Reifezeit: 105 Tage

Lagerzeit: 2 – 3 Monate

Verwendung: Suppe, Püree, Backwaren, Konfitüre; zum Schnitzen

Small Sugar

Art: Gartenkürbis, Halloween-Kürbis

Aussehen: fast kugelrund, 20 – 25 cm x ca. 18 cm (D x H), 2 – 4 kg

Schale: mitteldick

Fruchtfleisch: gelb-orange, dick; süß, etwas fasrig

Reifezeit: 100 – 110 Tage, die Frühsorten (Early Sugar) brauchen nur 90 Tage

Lagerzeit: 4 – 6 Monate

Verwendung: wie Baby Bear

Jack O'Lantern

Art: Gartenkürbis, Halloween-Kürbis

Aussehen: hochrund,
18–20 cm x 25 cm (D x H), 3,5–7 kg

Schale: mitteldick

Fruchtfleisch: hellorange; dick; durchschnittliche Qualität

Reifezeit: 110 Tage

Lagerzeit: 3–5 Monate

Besonderes: bekannteste und berühmteste Pumpkin-Sorte. Als «Aushöhl-Kürbis» (Halloween) gezüchtet.

Verwendung: wie Baby Bear

Jarrahdale

Art: Riesenkürbis

Aussehen: rund und abgeflacht,
25–35 cm x 15–20 cm (D x H), 4–8 kg

Schale: dünn, dicht

Fruchtfleisch: gelb-orange; dick, fest, feinkörnig; ausgezeichneter Kürbisgeschmack, gute Qualität

Reifezeit: 110–120 Tage

Lagerzeit: 5–9 Monate

Besonderes: Die wunderschöne Sorte aus Australien wird bei uns selten angeboten. Die Farbe der Früchte verändert sich während der Lagerung kaum.

Verwendung: Suppe, Gratin und Auflauf, Kuchen

Queensland Blue

Art: Riesenkürbis
Aussehen: meist flachrund,
18–23 cm x 12–15 cm (D x H),
2–4 kg, durchschnittlich 2,8 kg
Schale: sehr dünn
Fruchtfleisch: gelb; auf der Stielseite und an der Peripherie besonders dick, fest, feinkörnig; süß, ausgezeichnete Qualität, feiner Kürbisgeschmack
Reifezeit: 110–120 Tage
Lagerzeit: 10 Monate
Verwendung: Gratin und Auflauf, Suppe

Marina di Chioggia

Art: Riesenkürbis
Aussehen: rund, abgeflacht, in der Breite unterschiedlich großer Spiegel,
20–35 cm x 15 cm (D x H), max. 8 kg
Schale: dünn, mittelhart
Fruchtfleisch: dunkelgelb bis orange; dick, besonders auf der Blütenseite, ausgezeichnete Qualität
Reifezeit: 120–130 Tage
Lagerzeit: 4–8 Monate
Besonderes: Die tiefen Furchen erschweren das Schälen. Junge können jedoch problemlos mit Schale gekocht werden.
Verwendung: Suppe, Backwaren, Gnocchi, Risotto, Gratin und Auflauf

Lumina

Art: Riesenkürbis

Aussehen: rund, etwas abgeflacht, 15–25 cm x 13–20 cm (D x H), 4–6 kg

Schale: dünn, leicht schälbar, essbar

Fruchtfleisch: schmutzig orange bis fast braun: sehr dick und fest; extrem feinkörnig und zart, süß, feiner Marroni-/Kastaniengeschmack

Reifezeit: 120–130 Tage

Lagerzeit: 4–9 Monate, manchmal 12 Monate

Besonderes: eine der besten und aromareichsten Sorten

Verwendung: Cremes, zum Rohessen und Braten

Turk's Turban

Art: Riesenkürbis, Türken-Turban

Aussehen: halbkugelig, vorstehendes Mittelteil, 20–30 cm (D), 1,5–4 kg

Schale: dünn, mittelhart

Fruchtfleisch: fest, feinkörnig; süß, durchschnittliche Qualität

Reifezeit: über 110 Tage

Lagerzeit: 3–4 Monate

Verwendung: Suppe, zum Füllen. Als ganze Frucht zum Backen im Ofen, danach Fruchtfleisch auskratzen und zu Gnocchi verarbeiten

Golden Hubbard

Art: Riesenkürbis, Hubbard
Aussehen: birnenförmig lang gestreckt, an den Enden zugespitzt, 15–25 cm x 35 cm (D x L), 2–4,5 kg
Schale: dick, mittelhart
Fruchtfleisch: dunkelgelb bis orange, fest, dick; feinkörnig, süß, trocken, ausgezeichnete Qualität
Reifezeit: über 95 Tage
Lagerzeit: 8–10 Monate
Verwendung: Suppe, Püree, Gnocchi, Risotto, Gratin und Auflauf, zum Füllen, Einmachen und Überbacken

Uchikiwase Akaguri

Art: Riesenkürbis, Potimarron
Aussehen: kreiselförmig, 11–20 cm (D), 1–2,5 kg
Schale: zart, kann bei vielen Gerichten verwendet werden
Fruchtfleisch: gelborange, 3 cm dick, fest; feinkörnig, mehlig bis trocken, süßer, feiner Geschmack
Reifezeit: 95 Tage
Lagerzeit: 5–6 Monate
Verwendung: Suppe, Backwaren, Püree, Gratin und Auflauf

Golden Delicious

Art: Riesenkürbis, Delicious
Aussehen: herzförmig; am Stielansatz breit und am Blütenansatz spitz zulaufend; 15–20 cm x 20–30 cm (D x H), 4–8 kg
Schale: dünn und zart, aber kompakt
Fruchtfleisch: dunkelgelb-orange; fest, kompakt, leicht mehlig; ausgewogenes Marroni-/Kastanienaroma
Reifezeit: 110 Tage
Lagerzeit: bis 4 Monate
Verwendung: Suppe, Backwaren, Püree

Buttercup

Art: Riesenkürbis
Aussehen: rund, abgeflacht, auf Stielseite leicht eingebuchtet, 15–20 cm x 12–15 cm (D x H), max. 2,3 kg
Schale: dünn, zart; dank glatter Oberfläche relativ leicht zu schälen
Fruchtfleisch: leuchtend orange; trocken; hervorragende Qualität, süß, leichter Marroni-/Kastaniengeschmack
Reifezeit: 100 Tage
Lagerzeit: 3–4 Monate
Verwendung: zum Rohessen, zum Füllen, Gemüse, Backwaren, Konfitüre

Miyako F1

Art: Riesenkürbis, Japanischer Cup

Aussehen: flachrund,
14–18 cm x 8–11 cm (D x H), 1–1,8 kg

Schale: dünn

Fruchtfleisch: dunkelgelb; dick, fest; feinkörnig, süßes, feiner Marroni-/Kastaniengeschmack, hervorragende Qualität

Reifezeit: 120–130 Tage

Lagerzeit: 5–8 Monate

Verwendung: zum Braten und Backen, Gratin, Auflauf, evtl. für Konfitüren

Pink Jumbo Banana

Art: Riesenkürbis, Banana

Aussehen: zylindrisch, manchmal etwas bananenförmig gebogen,
15–30 cm x 70–110 cm (D x L),
5–20 kg, max. ca. 30 kg

Schale: dünn, weich

Fruchtfleisch: dunkelgelb bis orange; dick, trocken, fest; süß, ausgezeichnete Qualität, feiner Kürbisgeschmack

Reifezeit: 110 Tage

Lagerzeit: 5–7 Monate

Verwendung: Suppe, Püree, Backwaren Gratin und Auflauf, als Gemüse, zum Braten, Konfitüre

Tetsukabuto F1

Art: Riesenkürbis

Aussehen: fast kugelrund, oft auch mehr oder weniger flachrund, 14–19 cm x 10–14 cm (D x H), 1–3 kg, im Durchschnitt 2–2,5 kg

Schale: dünn

Fruchtfleisch: gelb-orange; dick, fest; süß, leichter Marroni-/Kastanien- und fruchtiger Kürbisgeschmack

Reifezeit: 120–130 Tage

Lagerzeit: bis 1 Jahr

Besonderes: Ein Highlight! Ein Produkt der Befruchtung einer weiblichen Blüte von Delicious mit Pollen von Futsu Kurokawa Nr. 2. Da Tetsukabuto F1 keine Pollen produziert, müssen in ihrer Umgebung Befruchter angepflanzt werden. Dafür eignen sich sowohl Moschus- wie Riesen- oder Gartenkürbisse. Bei uns wird dieser Kürbis leider verkannt und nur selten angeboten.

Verwendung: Suppe, Backwaren, zum Braten

Muscade de Provence

Art: Moschuskürbis

Aussehen: flachrund, vertiefter Fruchtstiel, 25–50 cm x 15–30 cm (D x H), 7–40 kg

Schale: dünn und verletzlich, bei Vollreife lederartig, mehlige Patina

Fruchtfleisch: leuchtend orange; dick, fest, fasrig, leicht wässrig; süß, fruchtig-aromatisch, ausgezeichnete Qualität

Reifezeit: 150 Tage

Lagerzeit: 4–8 Monate

Verwendung: für jede Zubereitung; für Suppen (ausgehöhlt als Suppenschüssel)

Butterbush

Art: Moschuskürbis, Butternut
Aussehen: lang gezogene Birne, 7–9/10–12 cm x 20–30 cm (D1/D2 x L)
Gewicht: 0,8–1,3 kg
Schale: dünn, verletzlich
Fruchtfleisch: orange; fest; süßlich, aromatisch, nussiges Aroma
Reifezeit: 105–110 Tage
Lagerzeit: 6–12 Monate
Verwendung: zum Braten, Dünsten und Dämpfen; zum Füllen; Suppe, Backwaren, Püree, Konfitüre; unreif für Rohkost

Trombolino d'Albenga

Art: Moschuskürbis, Butternut
Aussehen: schlangenförmig, 4–7 cm x 150 cm (D x L),
Gewicht: 1–4 kg
Schale: dünn, verletzlich
Fruchtfleisch: gelblich-orange; fest; süßlich, fruchtig, nussiger Geschmack, gute Qualität
Reifezeit: 120–130 Tage
Lagerzeit: 6–12 Monate
Besonderes: Die Früchte bekommen eine gerade Form, wenn sie hängend wachsen. Wie viele Butternuts können sie bereits unreif für Rohkost verwendet werden. In Italien werden sie oft als «lebendes Gemüse» verwendet: Die benötigte Menge Fruchtfleisch wird aus der noch an der Pflanze hängenden Frucht genommen. Bei günstigen Bedingungen, vor allem bei Trockenheit, vernarbt die Frucht an der Schnittstelle bald und wächst und reift weiter.
Verwendung: Suppe, Backwaren, Dessert, Konfitüre, unreif für Rohkost

Der Kürbis in der Küche

Die Sortenwahl

Im Zweifelsfall probiert man den Kürbis am besten roh, dann weiß man schnell, ob er wässerig, mehlig oder süßlich ist.

Kürbis für den Rohverzehr

Es gibt einige Kürbisse, vor allem aus der Familie der Moschuskürbisse, z. B. Muscade de Provence, und zahlreiche Butternuts sowie Delicata, Sweet Dumpling und Acorns, die allesamt sehr gut für Rohkost verwendet werden können.

Am besten entscheiden Sie selbst, welcher Kürbis Ihnen auch roh schmeckt, indem Sie beim Aufschneiden von unbekannten Sorten immer ein kleines Stück roh probieren, denn alle Kürbisse sind im Prinzip roh essbar, aber nicht unbedingt sehr schmackhaft.

Kürbis schälen und zerkleinern

Bei jungen, noch nicht ganz ausgereiften Kürbissen ist die Schale meist noch nicht so hart. Man kann sie je nach Sorte mitkochen, z. B. bei jungen Potimarrons im Herbst.

Aber es gibt auch Kürbisse mit sehr harter Schale wie z. B. alle Hubbards oder der Moschuskürbis, dessen Schale beim Kochen hart bleibt. Die Kürbisse im Zweifelsfall schälen. Weichschalige Kürbisse lassen sich oft sehr gut mit dem Sparschäler oder auch mit einem Küchenmesser schälen. Dazu den Kürbis halbieren und in Viertel schneiden. Sehr harte Kürbisse halbiert man am besten mit dem Fleischbeil.

Mengenangabe

Das Kürbisfleisch wurde für die Rezepte ohne Schale gewogen.

Kürbispüree

In vielen Rezepten benötigt man als Basis Kürbispüree. Ein besonders festes und trockenes Püree bekommt man von mehligen Kürbissorten (siehe Seiten 20 bis 31). Aber auch aus fast allen anderen Kürbissorten kann ein Püree zubereitet werden.

Grundrezept I

1 Kürbis schälen, entkernen. Fruchtfleisch klein würfeln.

2 Kürbiswürfelchen am besten in einem Siebeinsatz im Dampf rund 20 Minuten garen, bis das Fruchtfleisch weich ist.

3 Gesgartes Kürbisfleisch entweder passieren oder mixen. Sehr weiches Kürbisfleisch und kleine Mengen können auch mit der Gabel zerdrückt werden. Bei faserigem Kürbis verwendet man am besten das Passevite/Passetout, das die Fasern auffängt.

4 Kürbispüree abtropfen lassen. Dazu das Püree in ein feines Sieb (Spitzsieb aus Chromstahl) gießen. Wenn man das Sieb zusätzlich mit einem Gazetuch oder einem Küchentuch auslegt, wird das Püree noch trockener. Je länger man es abtropfen lässt, desto besser. Ideal ist, das Püree über Nacht zum Abtropfen in den Kühlschrank zu stellen. Je nach Kürbissorte erhält man von 100 g rohem Fruchtfleisch 50–80 g Püree.

Tipp Die abgetropfte Flüssigkeit für Suppen und Saucen verwenden.

Grundrezept II

1. Kürbis mit Schale auf einem Backblech im Backofen bei 170 °C rund 50 Minuten garen, bis er weich ist.
2. Den Küribs halbieren und entkernen, das Fruchtfleisch auskratzen und durch das Passetout/Passevite drehen oder fein pürieren.
3. Wässeriges Kürbispüree in einem feinen Sieb (Spitzsieb aus Chromstahl) abtropfen lassen. Wenn man das Sieb zusätzlich mit einem Gazetuch oder Küchentuch auslegt, wird das Püree trockener. Siehe Rezept I, Punkt 4.

Kürbispüree für den Vorrat

Kürbispüree tiefkühlen, nach dem Auftauen unbedingt nochmals abtropfen lassen. Kürbispüree heiß einfüllen oder sterilisieren.

Kürbisspeisen tiefkühlen

Da die meisten Winterkürbisse, wenn sie gut ausgereift sind, einige Wochen bis Monate haltbar sind, dienen viele von ihnen erst einmal als Dekoration. Einen angeschnittenen Kürbis innerhalb einiger Tage verbrauchen.

Am besten werden große Kürbisse zu Püree, Spätzli, Suppen usw. verarbeitet und tiefgekühlt.

Geschmack/Aroma und Verwendungsmöglichkeiten

Die Charakterisierung des Fruchtfleisches bezieht sich auf voll ausgereifte Kürbisse. Oft kommen nicht ausgereifte Kürbisse in den Handel; in diesem Fall kann die Beschreibung stark abweichen. Je mehr man mit Kürbis und auch immer wieder mit neuen Sorten kocht und experimentiert, desto mehr Erfahrungen wird man sammeln können.

Praktisch alle Kürbisse eignen sich für Suppen. Beim Gratin wird es bereits schwieriger. Ein Gratin aus einer wässerigen Kürbissorte schmeckt mehr nach Zucchini, einer aus einer mehligen Kürbissorte mehr nach Kartoffeln. Beides kann schmackhaft sein.

Suppen und Vorspeisen

Kartoffel-Kürbis-Suppe mit Kürbiskernen

2 EL Olivenöl
extra nativ
1 mittelgroße Zwiebel,
fein gehackt
600 g geschälter,
entkernter Kürbis
400 g mehlig kochende
Kartoffeln
¼ TL Kreuzkümmel
8 dl/800 ml
Gemüsebrühe
1¼ dl/125 ml
Rahm/Sahne
Meersalz
frisch gemahlener
weißer Pfeffer
1 EL gehackte Petersilie
1 TL abgezupfte
Thymianblättchen
2 EL geröstete
Kürbiskerne
1–2 TL Kürbiskernöl,
zum Beträufeln

1 Das Kürbisfleisch klein würfeln. Kartoffeln schälen und klein würfeln.

2 Zwiebeln im Öl andünsten, Kürbis mitdünsten, Kartoffeln und Kreuzkümmel zufügen, mit der Gemüsebrühe ablöschen, aufkochen, Suppe bei schwacher Hitze rund 20 Minuten köcheln. Pürieren.

3 Kartoffel-Kürbis-Suppe mit dem Rahm nochmals erhitzen, mit Salz und Pfeffer würzen, Kräuter zufügen. Suppe anrichten, mit den Kürbiskernen garnieren, ein wenig Kürbiskernöl darüber träufeln.

Kürbis-Linsen-Suppe

Mahlzeit

2 EL Olivenöl extra nativ
1 große Zwiebel, fein gehackt
700 g geschälter, entkernter Kürbis
200 g rote Linsen
ca. 1,2 l Gemüsebrühe
1 dl/100 ml Rahm/Sahne
wenig frisch geriebener Ingwer oder
1 Prise Ingwerpulver
Curry, nach Belieben
frisch gemahlener weißer Pfeffer
Petersilie oder Koriandergrün, gehackt
Linsensprossen für die Garnitur

1 Den Kürbis in grobe Stücke schneiden.

2 Zwiebeln im Öl andünsten, Kürbis mitdünsten. Rote Linsen und Gemüsebrühe zugeben, 20 bis 25 Minuten köcheln. Suppe pürieren.

3 Kürbis-Linsen-Suppe mit dem Rahm erhitzen. Abschmecken. Mit Kräutern und Sprossen garnieren.

Variante

Rahm durch Kokosnussmilch ersetzen.

Kürbis-Karotten-Cremesuppe

für 8 Personen

3 EL Olivenöl
extra nativ
1 große Zwiebel,
fein gehackt
300 g Karotten
1 Muscade de Provence,
ca. 500 g Fruchtfleisch
1 Lorbeerblatt
ca. 1½ l Gemüsebrühe
2 dl/200 ml
Rahm/Sahne
Meersalz
frisch gemahlener
weißer Pfeffer
1 Prise geriebene
Muskatnuss
1 Sträußchen glatt-
blättrige Petersilie,
Blättchen abgezupft
und fein gehackt

1 Karotten schälen und klein würfeln.
2 Vom Kürbis einen Deckel abschneiden (siehe Bild), zuerst die Kerne entfernen, dann den Kürbis aushöhlen. Fruchtfleisch klein schneiden.
3 Zwiebeln im Öl andünsten, Karotten und Kürbis mitdünsten. Lorbeerblatt zugeben, mit der Gemüsebrühe ablöschen, Suppe bei schwacher Hitze köcheln, bis das Gemüse weich ist. Das Lorbeerblatt entfernen, die Suppe pürieren.
4 Die Suppe mit dem Rahm nochmals erhitzen, je nach Konsistenz mit Gemüsebrühe verdünnen. Würzen. Die Petersilie zugeben. Die Suppe in den Kürbis gießen.

Kürbis-Curry-Cremesuppe

2 EL Olivenöl extra nativ
1 kleine Zwiebel, fein gehackt
400 g entkernter, geschälter Kürbis, fruchtige Sorte
1 EL Mehl
2 TL Currymischung, Schärfe nach Belieben
¾ l Gemüsebrühe
2 dl/200 ml Kokosmilch
frisch gemahlener Pfeffer
1 Prise geriebene Muskatnuss
abgezupfte glattblättrige Petersilie
2 EL geröstete Kürbiskerne
4 EL Crème fraîche

1 Den Kürbis klein würfeln.

2 Zwiebeln im Öl andünsten, Kürbis mitdünsten. Mehl und Currymischung darüber streuen. Mit der Gemüsebrühe ablöschen, bei schwacher Hitze köcheln, bis der Kürbis weich ist. Pürieren.

3 Suppe mit der Kokosnussmilch aufkochen. Würzen.

4 Kürbis-Curry-Cremesuppe anrichten, Petersilie und Kürbiskerne darüber streuen, je einen Esslöffel Crème fraîche dazugeben.

Pikante Kürbis-Muffins mit Ziegenfrischkäse

200 g geschälter, entkernter Kürbis, mehlige Sorte (ergibt 100 g Püree)
150 g Dinkel- oder Weizenruchmehl/ Mehl Type 1050
1 TL phosphatfreies Backpulver
1 TL Kräutermeersalz
1 Prise Zimtpulver
1 Prise Muskatnuss
80 g Ziegenfrischkäse
0,8 dl/80 ml Milch
1 Freilandei
1 EL Olivenöl extra nativ
50 g gehackte Kürbiskerne
fein gehackte Kräuter, z. B. Rosmarin, Thymian, Ysop und Majoran

Kürbiskernöl

1 Kürbisfleisch klein schneiden, im Dampf weich garen, pürieren, in einem feinen Sieb (Chromstahlsieb) einige Zeit abtropfen lassen, dann abmessen.
2 Mehl, Backpulver, Kräutersalz, Zimt und Muskatnuss mischen.
3 Ziegenfrischkäse mit einer Gabel fein zerstoßen, Milch, Ei und Olivenöl zufügen und glatt rühren.
4 Ziegenfrischkäsemasse und Kürbispüree zum Mehl geben, zu einem glatten Teig rühren. Gehackte Kürbiskerne und Kräuter unterrühren.
5 Den Backofen auf 200 °C vorheizen.
6 Die Teigmasse in Papierförmchen (für eine schöne Form drei Förmchen ineinander stecken) oder in eingefettete Backförmchen füllen.
7 Muffins im vorgeheizten Backofen bei 200 °C rund 20 Minuten backen.

Tipp

Mit Kürbiskernöl und Räucherschinken servieren.

Variante

Einige fein gehackte Oliven unter den Teig mischen.

Gebackener Kürbis mit Karotten-Lauch-Vinaigrette

500–700 g geschälter, entkernter Kürbis, eher mehlige Sorte
Kräutermeersalz
Olivenöl extra nativ

Vinaigrette
½ dl/50 ml Balsamico
½ dl/50 ml Apfelessig
Meersalz
frisch gemahlener schwarzer Pfeffer
½ dl/50 ml Kürbiskernöl
½ dl/50 ml Olivenöl extra nativ
1 Karotte
100 g grüner Lauch
1 Schalotte, fein gehackt
1 Sträußchen glattblättrige Petersilie, fein gehackt

1 Backofen auf 220 °C vorheizen.

2 Kürbis in Spalten schneiden, mit Kräutersalz würzen und mit Olivenöl einpinseln, auf ein Backblech legen.

3 Kürbisspalten im vorgeheizten Ofen bei 220 °C 10 bis 15 Minuten backen; Nadelprobe machen.

2 Die Vinaigrette zubereiten. Karotte schälen und klein würfeln (Brunoise). Lauch putzen und in feine Streifen schneiden, beides im Dampf kurz garen. Karotten, Lauch, Schalotten und Petersilie zur Sauce geben.

3 Die noch warmen oder nach Belieben abgekühlten Kürbisspalten auf Tellern anrichten. Vinaigrette darüber verteilen.

Bruschetta mit Kürbis-Aufstrich

1 Baguette
durchgepresster Knoblauch
Olivenöl extra nativ

Brotaufstrich
200 g Cottage Cheese/ Hüttenkäse
1 kleines Stück entkernter, geschälter Kürbis, fruchtige Sorte
2 EL fein gehackte Kräuter, z. B. Thymian, Majoran,
Basilikum, Petersilie
Kräutermeersalz
frisch gemahlener schwarzer Pfeffer
1 EL Kürbiskernöl

geröstete Kürbiskerne, gehackt
1 Bund Rucola

1 Backofen auf 220 °C vorheizen.

2 Kürbis auf der Bircher-Rohkostreibe zum Cottage Cheese reiben. Kräuter unterrühren. Mit Kräutersalz, Pfeffer und Kürbiskernöl würzen.

3 Baguette in Scheiben schneiden. Im vorgeheizten Backofen bei 220 °C knusprig backen (toasten).

4 Brotscheiben mit Olivenöl beträufeln, wenig durchgepressten Knoblauch darauf verteilen. Cottage-Cheese-Kürbis-Masse darauf ausstreichen. Mit den Kürbiskernen bestreuen und dem Rucola garnieren.

Hauptgerichte

Kartoffel-Kürbis-Salat mit Kürbiskernen

800 g fest kochende Kartoffeln
400 g gerschälter, entkernter Kürbis, fruchtige Sorte
1 EL Olivenöl nativ extra
2 kleine Zwiebeln, fein gehackt
4 EL geröstete Kürbiskerne
1 EL fein geschnittene Minze

Sauce
5 EL Apfel- oder Weißweinessig
1 dl/100 ml lauwarme Gemüsebrühe
2 Orangen, Saft
4–5 EL Öl, halb Kürbiskernöl/ halb Olivenöl extra nativ
½ TL milde Currymischung
Meersalz
frisch gemahlener schwarzer Pfeffer

1 Kartoffeln in der Schale im Dampf weich garen, noch warm schälen, in Scheiben schneiden. Mit der Sauce sorgfältig mischen, 30 Minuten ziehen lassen.

2 Den Kürbis in dünne Spalten/Schnitze schneiden, im Öl einige Minuten dünsten, zusammen mit den Zwiebeln zum Kartoffelsalat geben, vermengen, nochmals kurz ziehen lassen. Kürbiskerne untermischen.

3 Den Salat anrichten. Mit der fein geschnittenen Minze bestreuen.

Kürbispiccata

500 g geschälter, entkernter Kürbis, mehlige Sorte
Dinkel- oder Weizenruchmehl/Typ 1050, zum Wenden

Olivenöl extra nativ zum Braten

1 Bund Rucola, für die Garnitur
Kürbiskernöl, zum Beträufeln

Teighülle
3 Freilandeier
40 g Dinkel- oder Weizenruchmehl/Mehl Type 1050
40 g Reibkäse, z. B. Sbrinz
1–2 EL Olivenöl extra nativ
Meersalz
frisch gemahlener schwarzer Pfeffer

1 Den Kürbis in 2 cm breite Scheiben schneiden, im Dampf oder im Salzwasser 4 Minuten garen, abtropfen lassen.

2 Für die Teighülle Eier, Mehl, Käse und Öl glatt rühren, mit Salz und Pfeffer abschmecken.

3 Die Kürbisscheiben in der Teigmasse wenden, im nicht zu heißen Öl goldgelb braten. Kurz vor dem Servieren mit Kürbiskernöl beträufeln.

Meeresfrüchte-Kürbis-Pfanne mit Bärlauch-Kürbiskern-Pesto

8 geschälte Kaisergranaten/ Scampi «Tail on» (geschält, mit Schwanzfächer)
600 g gemischte Meeresfrüchte
½ Kürbis, z. B. Muscade de Provence
Olivenöl extra nativ
Kräutermeersalz
durchgepresster Knoblauch

Pesto
1 Bund Bärlauch
2 EL geröstete Kürbiskerne
1 dl/100 ml Olivenöl extra nativ
1 durchgepresste Knoblauchzehe
1 TL geriebener Käse
Meersalz
frisch gemahlener schwarzer Pfeffer
wenig Zitronensaft

1 Für den Pesto die Stiele beim Bärlauch abschneiden, die Blätter in Streifen schneiden. Alle Zutaten mit dem Stabmixer nicht zu fein pürieren. Mit Salz, Pfeffer und Zitronensaft abschmecken.
2 Den Backofen auf 220 °C vorheizen.
3 Kaisergranaten und Meeresfrüchte unter fließendem Wasser abspülen, trocken tupfen. Alles auf ein mit Backpapier belegtes Blech verteilen. Mit Olivenöl beträufeln. Mit Kräutersalz und durchgepresstem Knoblauch würzen.
4 Den Kürbis schälen und entkernen, in feine Sicheln schneiden. Die Kürbissicheln auf ein mit Backpapier belegtes Blech legen, mit Olivenöl beträufeln.
5 Meeresfrüchte und Kürbissicheln miteinander in den vorgeheizten Backofen schieben und bei 220 °C etwa 10 Minuten grillen. Mit Salz abschmecken. Auf einer Platte anrichten. Pesto separat servieren.

Penne mit Kürbis und Peperoncini

400 g Penne/kurze hohle Teigwaren

2 EL Olivenöl extra nativ
1 kleine Zwiebel
2 Knoblauchzehen
1 kleiner scharfer Peperoncino/Paprikaschote
400 g entkernter, geschälter Kürbis, fruchtige Sorte
3 EL Tomatenpüree
1 Hand voll gehackte glattblättrige Petersilie
30 g geriebener Parmesan oder Pecorino
100 g Ricotta
Kräutermeersalz
frisch gemahlener schwarzer Pfeffer

2–4 EL Kürbiskernöl, zum Beträufeln
geröstete Kürbiskerne, zum Bestreuen

1 Penne in einem großen Kochtopf im Salzwasser al dente kochen, 2 dl/200 ml Kochwasser beiseite stellen. Penne abgießen, mit kaltem Wasser abschrecken.

2 Zwiebel und Knoblauchzehen fein hacken. Peperoncino längs aufschneiden, nach Belieben entkernen, Fruchthälften in Streifchen schneiden. Kürbis in feine Streifen schneiden oder auf der Röstiraffel raspeln.

3 Zwiebeln, Knoblauch und Peperoncini im Öl andünsten, Kürbis mitdünsten. Das Tomatenpüree unterrühren, ein wenig Teigwarenwasser zugeben, 5 bis 8 Minuten köcheln. Petersilie, Parmesan und Ricotta mit den Teigwaren vermengen. Mit Kräutersalz und Pfeffer abschmecken. Mit dem Kürbiskernöl verfeinern.

Kürbisrisotto mit weißen Bohnen

2 EL Olivenöl
extra nativ
1 Schalotte
1 Knoblauchzehe
200 g Risottoreis
1 dl/100 ml Weißwein
ca. 8 dl/800 ml
Gemüsebrühe
1 junger Rosmarinzweig
1 Lorbeerblatt
2 Salbeiblätter
300 g geschälter,
entkernter Kürbis,
fruchtige Sorte
240 g gekochte
weiße Bohnen (1 Dose)
1 Hand voll grob
geschnittene
Spinatblätter
30 g geriebener
Parmesan
2 EL geröstete
Kürbiskerne
Meersalz
frisch gemahlener
schwarzer Pfeffer
Kürbiskernöl

1 Schalotte und die Knoblauchzehe fein hacken. Rosmarinnadeln abstreifen. Salbeiblätter in Streifen schneiden. Kürbis würfeln.

2 Schalotten und Knoblauch im Öl andünsten, Reis zugeben, glasig werden lassen. Mit Weißwein und Gemüsebrühe aufgießen, Rosmarinnadeln, Lorbeerblatt und Salbei zugeben, aufkochen, Reis bei schwacher Hitze 15 Minuten köcheln, ab und zu rühren. Kürbis zugeben, weitere 8 bis 10 Minuten köcheln, eventuell ein wenig Gemüsebrühe zugeben. Abgetropfte weiße Bohnen und Spinat zugeben, erhitzen. Parmesan und Kürbiskerne unterrühren, abschmecken mit Salz und Pfeffer. Abrunden mit Kürbiskernöl.

Teigwarenmuscheln mit Kürbis und Spinat

500 g Muscheln
oder andere kurze
Teigwaren

2 EL Olivenöl
extra nativ
2 Knoblauchzehen
600 g geschälter,
entkernter Kürbis,
fruchtige Sorte
1 Msp mittelscharfe
Currymischung
400 g Spinat
Meersalz oder
Gemüsebrühepulver
frisch gemahlener
schwarzer Pfeffer
100 g Ziegen- oder
anderer Frischkäse

Kürbiskernöl
Kressesprossen,
für die Garnitur

1 Die Muscheln in einem großen Kochtopf im Salzwasser al dente kochen. 2 dl/200 ml Kochwasser beiseite stellen. Teigwaren abgießen, mit kaltem Wasser abschrecken.

2 Knoblauchzehen in feine Scheiben schneiden. Den Kürbis auf der Röstiraffel raspeln. Den Spinat in Streifen schneiden.

3 Knoblauch und Kürbis im Öl andünsten, mit Curry würzen. Spinat zugeben, mit Salz und Pfeffer abschmecken, wenig Teigwarenwasser zugeben, einige Minuten dünsten. Abschmecken. Ziegenfrischkäse mit einer Gabel zerdrücken und unterrühren. Mit Kürbiskernöl beträufeln und mit den Kressesprossen garnieren.

Kürbis-Rösti

für 2 Personen

200 g geschälter, entkernter Kürbis, mehlige Sorte
300 g mehlig kochende Kartoffeln
100 g Lauch
Meersalz
frisch gemahlener schwarzer Pfeffer

4 EL Olivenöl extra nativ zum Braten

Zwiebel- oder Rettichsprossen, für die Garnitur

1 Kürbis auf der Röstiraffel reiben. Kartoffeln schälen, ebenfalls auf der Röstiraffel reiben. Lauch putzen, längs aufschneiden und quer in Streifen schneiden. Alle Zutaten vermengen, würzen.

2 In einer schweren Bratpfanne, am besten in einer Bratpfanne aus Gusseisen, die Hälfte des Olivenöls erhitzen. Kartoffel-Kürbis-Masse zugeben, einen Kuchen formen, bei schwacher Hitze rund 10 Minuten braten. Die Rösti auf eine Platte oder einen Teller stürzen. Das restliche Öl in die Pfanne geben. Röstikuchen wieder in die Bratpfanne gleiten lassen, in etwa 10 Minuten fertig braten. Sprossen darüber streuen.

Tipp

Mit einem gemischten Saisonsalat servieren.

Schnelle Kürbispuffer

2–3 Freilandeier
250 g geschälter, entkernter Kürbis, mehlige Sorte
50 g Kartoffeln
50 g geriebene Haselnüsse
50 g Dinkel- oder Weizenvollkornmehl
2 EL fein gehackte Gartenkräuter, z. B. Thymian, Majoran, Petersilie
Kräutermeersalz
frisch gemahlener schwarzer Pfeffer
1 Msp geriebene Muskatnuss
1 Msp Korianderpulver

Olivenöl extra nativ zum Braten

1 Eier in einer Schüssel verquirlen. Kürbis auf der Röstiraffel und Kartoffel auf der Rohkostreibe dazureiben. Haselnüsse, Mehl und Kräuter unterrühren. Würzen.

2 In einer beschichteten Bratpfanne ein wenig Olivenöl erhitzen. Für jeden Kürbispuffer einen gehäuften Esslöffel der Kürbismasse in die Pfanne geben; die Masse läuft ein wenig auseinander. Puffer beidseitig bei mittlerer Hitze braten.

Tipp

Mit gedünstetem Gemüse und Blattsalat servieren.

Tessiner Kürbisküchlein

200 g geschälter, entkernter Kürbis, mehlige Sorte
100 g Lauch
2 Freilandeier
80 g feine Haferflocken
4 EL geriebener Sbrinz
1 EL fein gehackte Petersilie
Meersalz
frisch gemahlener schwarzer Pfeffer

Olivenöl extra nativ zum Braten

1 Kürbis auf der Bircher-Rohkostreibe fein reiben. Lauch putzen, längs halbieren und in feine Streifen schneiden.

2 Die beiden Eier verquirlen, alle Zutaten zufügen, vermengen, würzen. Etwa 30 Minuten quellen lassen.

3 In einer beschichteten Bratpfanne ein wenig Öl erhitzen. Kürbismasse mit einem Esslöffel portionieren, d. h. pro Küchlein einen gehäuften Esslöffel in die Bratpfanne geben und ein wenig flach drücken, beidseitig langsam braten.

Tipp

Kürbisküchlein mit gedämptem Lauch servieren. Mit einer Käsescheibe belegen, im Backofen bei 220 °C kurz überbacken.

Kürbisauflauf mit Schinken

für 4 bis 5 Personen

1 kg geschälter, entkernter Kürbis, fruchtige Sorte
150 g Schinken, gewürfelt, nach Belieben
100 g geriebener Gruyère
2 gehäufte EL Kürbiskerne
2 EL gehackte Petersilie

Guss
2 Freilandeier
150 g Mascarpone
1 dl/100 ml Milch
Kräutermeersalz
frisch gemahlener schwarzer Pfeffer

1 Kürbis in Würfel schneiden und im Dampf blanchieren, in einem Sieb abkühlen lassen.

2 Backofen auf 200 °C vorheizen.

3 Guss zubereiten, gut würzen.

4 Gratinform einfetten. Kürbis, Schinken, Käse, Kürbiskerne sowie Petersilie in die Form geben, mischen. Den Guss darüber gießen.

5 Kürbisauflauf in der Mitte in den Ofen schieben, bei 200 °C etwa 20 Minuten backen.

Kürbisgratin mit Kräutern

800 g geschälter, entkernter Kürbis, fruchtige Sorte
Mehl zum Wenden
2 Knoblauchzehen
1 Sträußchen Petersilie, fein gehackt
1 Bund Schnittlauch, fein geschnitten
2 EL gehackte Gartenkräuter
2 dl/200 ml Rahm/Sahne
Kräutermeersalz
frisch gemahlener schwarzer Pfeffer

1 Kürbis in Würfel schneiden, im Mehl wenden. Knoblauchzehen fein hacken.

2 Backofen auf 200 °C vorheizen. Eine Gratinform mit Butter einfetten.

3 Alle Zutaten in die Form geben, mit Kräutersalz und Pfeffer würzen.

4 Gratin in der Mitte in den Ofen schieben und bei 200 °C rund 30 Minuten backen.

Kürbis-Peperoni-Gemüse mit Rindfleisch

1,2 kg geschälter, entkernter Kürbis, fruchtige Sorte
2 EL Olivenöl extra nativ
1 große Zwiebel
2 Knoblauchzehen
2 grüne Peperoni/ Paprikaschoten
wenig frischer Thymian, Blättchen abgezupft
ca. 4 dl/400 ml Gemüsebrühe

1 EL Olivenöl extra nativ
400–500 g Rindfleisch, zum Schnellbraten
Meersalz
frisch gemahlener Pfeffer

1 Kürbis in Würfel schneiden. Zwiebel und Knoblauchzehen fein hacken. Peperoni halbieren, Stielansatz und Kerne entfernen, Hälften in kleine Quadrate schneiden.
2 Zwiebeln und Knoblauch im Öl andünsten, Peperoni einige Minuten mitdünsten, Kürbis und Thymian nur kurz mitdünsten. Gemüsebrühe zugeben, erhitzen, köcheln, bis der Kürbis weich ist. Nicht zu oft rühren, sonst zerfällt der Kürbis. Mit Salz und Pfeffer abschmecken
3 Das Rindfleisch in 2 cm große Würfel schneiden, im Öl braten, würzen.
4 Das Gemüse mit dem Fleisch anrichten.

Penne-Kürbis-Gratin

400 g geschälter, entkernter Kürbis, fruchtige Sorte
½ Zitrone, Saft
100 g Speckwürfelchen, nach Belieben
Kräutermeersalz
250 g Penne/Federn
10 Salbeiblätter, fein geschnitten
100 g Gorgonzola, zerbröckelt
3 dl/300 ml Rahm/Sahne

1. Kürbis in kleine Würfel schneiden, mit Zitronensaft und Speck mischen, mit Kräutersalz würzen.
2. Teigwaren in reichlich Salzwasser al dente kochen, abgießen.
3. Backofen auf 200 °C vorheizen.
4. Kürbis, Penne, Salbe, Gorgonzola und Rahm mischen, in eine mit Butter eingefettete Gratinform füllen.
5. Penne-Kürbis-Gratin in der Mitte in den Ofen schieben, bei 200 °C rund 30 Minuten backen.

Kartoffel-Kürbis-Püree

500 g mehlig kochende Kartoffeln
400 g geschälter, entkernter Kürbis, mehlige Sorte
1 EL Olivenöl extra nativ
1 Prise Muskatnuss
2 Prisen Rosenpaprikapulver
frisch gemahlener schwarzer Pfeffer
Meersalz
1 Sträußchen Petersilie
2 dl/200 ml Rahm/Sahne

1 Kartoffeln in der Schale im Dampf weich garen, noch heiß schälen und durch das Passevite/Passetout drehen.

2 Kürbis auf der Rohkostreibe fein reiben, im Öl andünsten, mit Muskat, Rosenpaprika, Pfeffer und Salz würzen, fein gehackte Petersilie unterrühren, Rahm zugeben, aufkochen, bei schwacher Hitze weich garen. Kartoffelpüree kräftig unterrühren.

Tipps

Kartoffel-Kürbis-Püree in einen Spritzsack mit breiter Tülle füllen und Rosetten auf vorgewärmte Teller spritzen. Oder Püree mit einem Esslöffel portionieren, d. h. Klößchen abstechen. Mit grünen Bohnen und gebratenen Lammfiletscheiben servieren.

Kürbisspätzle

250 g Dinkel- oder Weizenvollkornmehl
250 g Kürbispüree, Seiten 32/33
1 TL Meersalz
1 EL Olivenöl extra nativ
3 Freilandeier

1 Alle Zutaten zu einem glatten Teig rühren. 30 Minuten oder länger quellen lassen.

2 In einem großen Kochtopf reichlich Salzwasser erhitzen. Spätzleteig portionsweise auf ein mit kaltem Wasser abgespültes Holzbrett geben und in das kochende Salzwasser schaben. Oder den Teig durch das Knöpflisieb in das kochende Salzwasser streichen. Sobald die Spätzle an die Oberfläche steigen, mit einem Schaumlöffel herausnehmen, mit kaltem Wasser abschrecken.

3 Die Kürbisspätzle kurz vor dem Servieren in ein wenig Olivenöl erhitzen oder nach Belieben braten.

Tipp

Zwiebelringe, Lauchstreifen oder Spinat zusammen mit ein wenig geriebenem Kürbis im Öl dünsten. Spätzli zugeben und erhitzen.

Kürbis-Risotto

250–300 g Rundkorn-Naturreis
5–6 dl/500–600 ml Wasser

2 EL Olivenöl extra nativ
1 große Zwiebel
2 Knoblauchzehen
600–800 g geschälter, entkernter Kürbis, fruchtige Sorte
1 dl/100 ml Weißwein
3–4 dl/300–400 ml Gemüsebrühe
2 dl/200 ml Rahm/Sahne
1 Bund Petersilie
Meersalz
frisch gemahlener weißer Pfeffer

frisch geriebener Käse, nach Belieben

1 Reis und Wasser aufkochen, einige Minuten sprudelnd kochen, Reis auf der ausgeschalteten Wärmequelle zugedeckt 30 Minuten oder länger quellen lassen.
2 Zwiebel und Knoblauchzehen fein hacken. Kürbis in kleine Würfel schneiden. Alles im Öl andünsten, Weißwein und Gemüsebrühe zugeben, bei schwacher Hitze köcheln lassen, bis der Kürbis weich ist.
3 Petersilie von den Stielen zupfen und hacken.
4 Reis, Rahm und Petersilie zum Kürbisgemüse geben, erhitzen, mit Salz und Pfeffer würzen, je nach Konsistenz mit Gemüsebrühe oder Weißwein verdünnen. Käse separat servieren.

Kürbis frites

1 kg geschälter, entkernter Kürbis, mehlige Sorte
1½ dl/150 ml Milch
100 g Dinkel- oder Weizenweißmehl/Mehl Type 405
½ TL Kräutermeersalz
frisch gemahlener schwarzer Pfeffer
1 EL fein gehackte Petersilie
1 Knoblauchzehe, fein gehackt

Olivenöl zum Frittieren

1 Kürbis wie für Pommes frites in Stängelchen/Stäbchen schneiden.

2 Mehl und Kräutersalz in einer Schüssel mischen, mit Pfeffer abschmecken.

3 Kürbisstängelchen in der Milch wenden, dann zum Mehl geben. Schüssel kräftig schütteln, damit d e Stängelchen gleichmäßig mit dem Mehl überzogen werden.

4 Kürbis frites im heißen Öl in etwa 3 Portionen goldgelb backen. Auf Küchenpapier abtropfen lasser.

5 Frites in eine vorgewärmte Schüssel geben. Petersilie und Knoblauch darüber streuen. Sofort servieren.

Scharfes Kartoffel-Kürbis-Curry

3 EL Olivenöl
extra nativ
2 Knoblauchzehen
700 g geschälter,
entkernter Kürbis,
mehlige Sorte
700 g fest kochende
Kartoffeln
4 TL mittelscharfe
Currymischung
2 TL Kurkuma,
nach Belieben
6–8 dl/600–800 ml
Gemüsebrühe

2 EL schwach geröstete
Pinienkerne
Petersilie

1 Knoblauchzehen fein hacken. Kürbis in Würfel schneiden. Kartoffeln schälen und in Würfel schneiden.

2 Knoblauch im Öl andünsten, Kürbis kurz mitdünsten. Kartoffeln und Gewürze zugeben, mit der Gemüsebrühe ablöschen, bei schwacher Hitze 15 bis 20 Minuten köcheln, bis die Kartoffeln und der Kürbis gar sind.

3 Kartoffel-Kürbis-Curry anrichten. Mit Pinienkernen und Petersilie garnieren.

Kürbis-Lauch-Quiche mit Sprossen

für eine Springform von 28 cm Durchmesser

350 g Blätter- oder Kuchenteig

Belag

2 EL Olivenöl extra nativ
150 g Lauch
250 g geschälter, entkernter Kürbis, mehlige Sorte
150 g weiße Sojasprossen
Kräutermeersalz
frisch gemahlener schwarzer Pfeffer
mittelscharfe Currymischung

Guss

2–3 Freilandeier, je nach Größe
2 dl/200 ml Rahm/Sahne
50–80 g frisch geriebener Käse
Kräutermeersalz

1 Backofen auf 220 °C vorheizen. Boden und den Rand der Form gut mit Butter einfetten.

2 Lauch putzen und in feine Streifen schneiden. Kürbis auf der Röstiraffel reiben. Lauch, Kürbis und Sprossen im Öl unter Rühren knackig dünsten. Gut würzen. Leicht abkühlen lassen.

3 Teig auf Formgröße ausrollen, in die Form legen.

4 Den Guss zubereiten, würzen.

5 Gemüse auf den Teigboden verteilen. Guss darüber gießen.

6 Kürbis-Lauch-Quiche auf der zweituntersten Schiene in den Ofen schieben, bei 220 °C 30 Minuten backen. Vor dem Anschneiden ein wenig abkühlen lassen.

Süsses Gebäck und Desserts

Kürbiskuchen mit Kürbiskernen

für eine Springform von 26 cm Durchmesser

- 2 Eigelbe von Freilandeiern
- 150 g geschmacksneutraler Honig, z. B. Akazienblütenhonig
- 1 Prise Meersalz
- 1 unbehandelte Zitrone, abgeriebene Schale
- frisch geriebene Muskatnuss
- Ingwerpulver
- 1 TL Zimtpulver
- 1 Prise Kardamom
- 150 g Dinkel- oder Weizenruchmehl/ Mehl Type 1050
- 100 g geriebene Kürbiskerne
- 50 g grob gehackte Pinienkerne
- 150 g geschälter, entkernter Kürbis, fruchtige Sorte
- ½ TL phosphatfreies Backpulver
- 2 Eiweiß

1. Backofen auf 180 °C vorheizen. Rand und Boden der Springform mit Butter einfetten.
2. Eigelbe und Honig am besten im warmen Wasserbad cremig aufschlagen.
3. Salz, Gewürze, Mehl, geriebene Kerne und Nüsse mischen. Kürbis auf der Bircherreibe dazureiben.
4. Das Eiweiß steif schlagen.
5. Mehl-Nuss-Kürbis-Mischung und Eischnee abwechslungsweise unter die Eigelbmasse ziehen. In die Springform füllen.
6. Kürbiskuchen auf der zweituntersten Schiene in den vorgeheizten Ofen schieben, bei 180 °C 45 bis 60 Minuten backen. Nadel-/Stäbchenprobe machen.
7. Kuchen aus der Form nehmen. Mit Puderzucker bestäuben oder nach Belieben mit einem Schokoguss überziehen und mit Kürbiskernen bestreuen.

Kürbis-Dattel-Muffins

für 12 Muffins

36 Papierbackförmchen
oder
12 Backförmchen

150 g weiche Butter
150 g Vollrohrzucker
2 Freilandeier, verquirlt
200 g geschälter, entkernter Kürbis, fruchtige Sorte
80 g fein gehackte Datteln
½ TL Vanille- und 1 TL Zimtpulver
1 unbehandelte Orange, abgeriebene Schale
½ TL Ingwerpulver
180 g Dinkel- oder Weizenvollkornmehl
1 TL phosphatfreies Backpulver
150 g geriebene Mandeln

Mandeln für die Garnitur

1 Backofen auf 180 °C vorheizen.

2 3 Papierförmchen ineinander stecken (für eine schöne Form) oder die Backförmchen gut einfetten.

2 Kürbis auf der Bircherreibe fein reiben.

3 Butter und Zucker zu einer luftigen Masse aufschlagen. Eier nach und nach zugeben. Kürbis und Datteln unterrühren. Gewürze, Mehl, Backpulver und Mandeln mischen, nach und nach unter die cremige Masse heben.

4 Teig auf die Förmchen verteilen. Mit einer Mandel garnieren.

5 Muffins auf der mittleren Schiene in den Ofen schieben, bei 180 °C 25 bis 30 Minuten backen. Nadel-/Stäbchenprobe machen. Nach Belieben mit Puderzucker bestreuen.

Kürbiskugeln

180 g weiche Butter
150 g Vollrohrzucker
200 g Kürbispüree, Seiten 32/33
50 g Erdnussmus (Reformhaus)
2 Freilandeier
1 TL Meersalz
2 TL Vanillepulver
400 g Dinkel- oder Weizenweißmehl/ Mehl Type 405
2 TL phosphatfreies Backpulver

Mandelstifte

1 Butter und Zucker zu einer cremigen Masse aufschlagen. Übrige Zutaten nach und nach unterrühren. Zuletzt das mit dem Backpulver vermengte Mehl unterrühren.
2 Backofen auf 190 °C vorheizen.
3 Aus dem Teig Kugeln von etwa 3 cm Durchmesser formen, auf ein mit Backpapier belegtes Blech legen, einen Mandelstift in den Teig drücken.
4 Die Kürbiskugeln auf der mittleren Schiene in den Backofen schieben und bei 190 °C rund 15 Minuten backen.

Kürbispie mit Cashewkernen

für ein Kuchenblech/
Pieform von 26 cm
Durchmesser

Füllung
ca. 700 g geschälter, entkernter Kürbis, mehlige Sorte (500 g Püree)
200 g Crème fraîche oder
2 dl/200 ml Rahm/Sahne
100–150 g flüssiger Honig
3–4 Freilandeier, je nach Größe
2 Eigelbe von Freilandeiern
Zimt-, Ingwer- und Nelkenpulver
1 unbehandelte Orange, abgeriebene Schale
120 g grob gehackte Cashewnüsse

Mürbeteig
250 g Dinkel- oder Weizenweißmehl/Mehl Type 405
1 Prise Meersalz
125 g gut gekühlte Butter
50 g Akazienblüten-honig
1–3 EL Wasser
1 Freilandei

1 Kürbis in Würfel schneiden, im Dampf weich garen, pürieren. Das Kürbispüree in einem feinmaschigen Sieb am besten über Nacht abtropfen lassen (siehe auch Seiten 32/33).
2 Für den Mürbeteig das Mehl mit dem Salz mischen, die Butter in Stückchen schneiden und mit dem Mehl krümelig reiben. Die Mehlmischung auf die Arbeitsfläche häufen, eine Vertiefung formen. Honig, Wasser und Ei in die Vertiefung geben, rasch zu einem Teig zusammenfügen. Nicht kneten.
3 Teig zwischen zwei Klarsichtfolien auf Formgröße ausrollen, in die eingefettete Form legen. 30 Minuten kühl stellen.
4 Backofen auf 230 °C vorheizen.
5 Kürbispüree, Crème fraîche, Honig, Eier und Eigelbe verrühren, würzen. Orangenschalen und Cashewkerne unterrühren. Auf den Teigboden verteilen.
6 Kürbispie in der Mitte in den Ofen schieben, bei 230 °C etwa 10 Minuten backen, Ofen auf 190 °C zurückschalten, Pie weitere 40 Minuten backen.

Kürbiscake mit Marzipanstreuseln

für eine Cake-/
Kastenform
von 22 cm Länge

150 g weiche Butter
150 g Vollrohrzucker
2 Freilandeier, verquirlt
300 g Kürbispüree, Seiten 32/33
½ TL Meersalz
½ TL Ingwerpulver
1 unbehandelte Zitrone, abgeriebene Schale
1 EL phosphatfreies Backpulver
350 g Dinkel- oder Weizenweißmehl/Mehl type 405

Marzipanstreusel

350 g Honigmarzipan (Reformhaus)
5 EL Dinkel- oder Weizenweißmehl/Mehl Type 405
1 EL Zimtpulver
75 g flüssige Butter, ausgekühlt

1 Für die Streusel das Marzipan 5 Minuten in das Tiefkühlfach legen. Dann das Marzipan auf der Rohkostreibe oder in der Moulinette fein reiben. Mit dem Mehl und dem Zimt mischen. Flüssige Butter zugeben, alles zu einer krümeligen Masse rühren.
2 Backofen auf 190 °C vorheizen. Cake-/Kastenform gut einfetten.
3 Für den Teig die Butter mit dem Zucker luftig aufschlagen. Die Eier nach und nach unterrühren. Kürbispüree, Salz, Ingwer und Zitronenschalen unterrühren. Backpulver und Mehl mischen, nach und nach unter die Butter-Eier-Masse rühren.
4 Die Hälfte der Teigmasse in die Form füllen. Die Hälfte der Streusel masse darüber krümeln. Restliche Teigmasse darauf geben, glatt streichen. Restliche Streuselmasse darüber krümeln.
5 Kürbiscake auf mittlerer Schiene in den Ofen schieben, bei 190 °C rund 60 Minuten backen. Cake in der Form erkalten lassen.

Kürbisparfait

für 8 bis 10 Personen

3 Eigelbe von Freilandeiern
125 g Akazienblütenhonig
½ TL Zimtpulver
½ TL geriebene Muskatnuss
300 g Kürbispüree, Seiten 32/33
2 ½ dl/250 ml Rahm/Sahne, steif geschlagen
3 Eiweiß, steif geschlagen

1 EL geriebene Haselnüsse
wenig Schlagrahm/-sahne, Garnitur
1 TL Akazienblüenhonig
1 EL Rum

1 Eigelbe, Akazienblütenhonig, Zimt und Muskatnuss zu einer hellen, luftigen Masse aufschlagen. Kürbispüree unterrühren. Steif geschlagenen Rahm mit dem Eischnee unterziehen.

2 Die Parfaitmasse in eine Tiefkühldose füllen, im Tiefkühler 4 bis 5 Stunden fest werden lassen,

3 Kürbisparfait 10 Minuten vor dem Servieren aus dem Tiefkühler nehmen. Mit einem Esslöffel Klößchen/Nocken abstechen, mit geriebenen Haselnüssen und aromatisierten Rahm garnieren.

Register